NOTICE

HISTORIQUE

SUR J.-B.-LOUIS DUCASTEL,

Lue par le citoyen GUILBERT *dans la séance du Lycée Libre de Rouen, le 21 Thermidor an 9.*

A ROUEN.

De l'Imprimerie de Vt. GUILBERT, Imprimeur-Libraire, rue Nationale, n° 29.

AN NEUF DE LA RÉPUBLIQUE.

OBSERVATIONS.

La difficulté de se procurer sur la vie de Ducastel les renseignements nécessaires , attendu que le Lycée ne l'a compté que très-peu de tems au nombre de ses Membres , n'a pas permis de publier cette Notice dans le tems où les esprits étoient encore frappés de la perte de ce citoyen aussi recommandable par ses talens que par ses vertus et ses mœurs.

NOTICE

HISTORIQUE

SUR J.-B.-LOUIS DUCASTEL,

Lue par le citoyen GUILBERT *dans la Séance du Lycée-Libre de Rouen, le 21 Thermidor an 9.*

——————————

» QUEL majestueux spectacle qu'un homme éloquent entre ses juges et le genre-humain, parlant pour l'innocence, et au milieu du vaste silence qu'impose un si grand intérêt ! L'attention publique fait pâlir sur son tribunal le Magistrat distrait et passionné ; les cœurs se déchirent, les larmes coulent, les acclamations s'élevent, et l'heureux protecteur de l'innocence obtient à la fois le triomphe des talens et de la vertu. «

A

Ce que M. Servan, avocat général au parlement de Grenoble, disoit avec tant de raison de l'homme doué du talent de l'éloquence en général, il l'eût dit du Collegue qui fait l'objet de nos vifs regrets. Combien de fois ne l'entendit-on pas défendre l'innocence, et combien de fois, en effet, Ducastel n'obtint-il pas *le triomphe des talents* ; combien de fois n'excita-t-il pas *cette attention publique qui fait pâlir sur son tribunal le magistrat distrait et passsionné.*

Mais avant de vous montrer Ducastel environné de l'honneur qu'il s'acquit au barreau, je dois vous arrêter quelques instants sur les premieres années de sa vie.

En cette occasion, ce n'est point la matiere qui doit me manquer, c'est plutôt moi qui ne pourrai lui suffire, quelque soit mon désir sincere de répondre au vôtre. Vous ne l'ignorez pas, citoyens, Ducastel n'étoit point destiné à demeurer confondu dans la classe où les préjugés et l'orgueil de la naissance sembloient l'avoir relégué. Dès sa premiere jeunesse, son inclination pour une profession distinguée se déclara, et il paroissoit déjà dire : » je ne suis pas né » pour vivre, disparoître et ne laisser aucun souvenir » après moi. «

J.-B.-Louis Ducastel naquit vers la fin de septembre de l'an 1740, de Louis Ducastel, marchand épicier dans le fauxbourg Cauchoise. Il n'avoit pas encore atteint sa onzieme année qùand la mort lui ravit son pere. Privé de celui dont il avoit reçu le jour , on songea plus aux moyens de l'accoutumer de bonne heure au travail qu'à consulter son penchant pour le genre d'application auquel il se croyoit propre. Son tuteur consulaire , Lehoué , procureur au ci-devant bailliage , le prit en conséquence chez lui , et l'employa dans son étude.

Ducastel ne tarda pas à se dégoûter de la maniere dont Lehoué l'occupoit , et il revint chez sa mere. Plus notre Collegue avançoit en âge , plus il ressentoit le besoin impérieux de s'instruire , mais sa mere effrayée de la longueur du tems qu'entraînoit l'étude de la langue latine , résista d'abord à ses instances. Ainsi contrarié dans ses goûts , il balançoit entre divers états , quand il eut le bonheur de faire connoissance avec un ecclésiastique qui demeuroit au Mont-aux-Malades. L'honnète ecclésiastique ayant heureusement démélé les rares dispositions de ce jeune homme , en parla d'une maniere si persuasive à sa mere qu'elle consentit à ce que son fils apprit le latin.

Le maître trouva des germes féconds dans son éleve et il eut la satisfaction de les voir se développer avec une étonnante rapidité. Qu'on se figure l'application de Ducastel , déjà parvenu à l'âge de quinze à seize ans , en secret dévoré de la soif d'apprendre , et que l'instinct puissant de la nature appeloit à jouer un grand rôle.

Dès que Ducastel eut appris suffisamment le latin ,

il fréquenta l'étude de M. Hébert , (1) procureur au bailliage, où il travailla pendant plusieurs années avec une grande assiduité. Ducastel ne fut point rebuté par les épines qu'offroit au commencement la connoissance de la pratique : il embrassa avec courage l'étude nécessaire , et le succès couronna ses efforts.

Déjà notre collegue a fait son droit, et il soupire , autant qu'il le redoute, après le moment où il doit entrer dans la lice ; son cœur en palpite d'avance. Une sorte de défiance s'empare de lui quand il se représente que si , d'une part , un premier triomphe promet des suites heureuses ; d'une autre , une premiere chûte peut'en avoir de très-préjudiciablés. Il est difficile en effet de se relever dans l'opinion.

Quiconque est pénétré de ces idées doit s'annoncer par un coup de maître ; c'est aussi de cette maniere que commença Ducastel. Il plaida sa premiere cause avec tant de méthode et de clarté , tant de force et de logique qu'il enleva l'unanimité des suffrages. Les juges, ravis d'avoir entendu plaider ce jeune avocat, disoient hautement que Ducastel *venoit de commencer comme les autres finissoient.* Ceux qui suivoient habituellement le barreau en jugerent de même ; et ce premier succès de Ducastel fut si complet que le pro-

---

(1) Ducastel travailla aussi assez long-tems chez M. Vallée, avocat au parlement, avant que son droit fut achevé.

cureur Hébert , chez lequel il avoit précédemment travaillé, en versoit des larmes de joie.

Oh ! quel dut être le contentement de sa mere , de l'honnête ecclésiastique dont il avoit reçu de si utiles leçons ! Qu'il me seroit doux de reproduire ici l'éleve dans les bras du maître, passant de ceux du maître sur le sein maternel , et le bon Hébert mettant le comble à cette scène d'attendrissement en pressant contre son cœur son éleve qu'il arrose de ses larmes.

Les espérances que notre collegue avoit fait concevoir par un si beau début, ne furent point trompées ; et la suite les confirma. Ducastel n'a jusqu'ici fait que l'essai de ses forces, il mesure déjà de l'œil une carriere plus vaste ; il s'y présente, et tout annonce qu'il atteindra le but. Ducastel résolut de ne plus plaider que devant le parlement.

Quelque beau que soit son ministere , il saura en relever l'éclat par son intégrité , son désintéressement, son dévouement à la cause des opprimés. Peu lui importe quel est le rang et le crédit des adversaires de ses cliens ; il n'envisage que la justice de leur cause , et toutes les considérations personnelles s'évanouissent à l'instant.

C'est ainsi qu'il se montra dans un procès que soutenoit le président de la Londe. En vain ce président prétendit effrayer le client de Ducastel par des menaces, Ducastel sçut l'élever au-dessus de la crainte. avec quelle énergie ce défenseur courageux releva les

menaces hautaines de M. de la Londe. „ Qui étes-
» vous, s'écrioit-il, en s'adressant à ce président,
» pour ouvrir et fermer à votre gré les prisons ? Les
» cachots sont la demeure du crime : si mon client
» est innocent, il ne doit pas y entrer ; s'il est
» coupable, au contraire, aucune puisssance n'a
» le droit de l'en faire sortir. Voilà ce que pres-
» crit l'équité naturelle ; voilà ce que prononcent les
» loix humaines. Et le langage de M. de la Londe est
» le langage d'un despote. «

Ducastel gagna sa cause ; et le bon droit, défendu
par l'éloquence, l'emporta cette fois sur le crédit et
la faveur. Mais admirez un instant avec moi l'em-
pire de la vertu : le président de la Londe conçut dès
ce moment une telle estime pour Ducastel qu'il lui ac-
corda depuis toute sa confiance.

Je vous ai montré Ducastel capable de se placer
au-dessus des serviles considérations dont les hommes
n'osent souvent s'affranchir ; cependant l'idée avanta-
geuse que vous vous êtes formée de la noblesse de ses
sentiments doit encore s'accroître par le trait que je
vais vous raconter.

Un citoyen, nommé Bourgeois, marchand épicier
à Bouvreuil, avoit une affaire très-importante ; mais
son avocat alléguoit sans cesse de nouvelles raisons
pour excuser les lenteurs qui devoient la rendre inter-
minable. Bourgeois désolé de voir son procès traîner
de la sorte en longueur, reçut du président de Miro-
mesnil le conseil de retirer ses pieces et de confier ses
intérêts.

intérêts à Ducastel. Bourgeois défere à cet avis et se rend à l'heure même chez Ducastel qui lui prouva bientôt combien il étoit digne de la préférence dont il l'honoroit.

Il ne fut pas en effet plutôt saisi des pieces qu'il donna tous ses soins à cette affaire ; et, en très-peu de tems, le mémoire que Bourgeois n'avoit pu obtenir de son premier défenseur, fut composé.

Le client satisfait s'empressa de prendre lecture du mémoire, et aussi transporté de reconnoissance qu'enchanté du zèle de son nouveau défenseur, il se hâta de lui donner des marques de son contentement, en laissant sur la cheminée du cabinet de Ducastel un rouleau de louis, qui, dans son intention, n'étoit pourtant qu'un foible à-compte.

Bourgeois sort, et quelques minutes après, Ducastel apperçoit le rouleau. L'ouvrir, en témoigner sa surprise, se récrier sur l'excessive reconnoissance de son client et lui écrire qu'il ait à venir reprendre son argent, sont pour lui l'affaire d'un instant.

A la lecture de la lettre de son défenseur, bourgeois s'imagine qu'il est mécontent de la modicité de l'à-compte. Plein de cette idée, il court chez Ducastel, fait des excuses et lui offre sur le champ le double de la somme contenue dans le rouleau : » vous vous » méprenez, répond tranquillement Ducastel : car je » vous fais venir, au contraire, pour remporter la

B

“ moitié de cet argent. Oui , la moitié sera suffisante
“ pour me payer de toutes les peines que je pourrai
“ prendre , même par la suite , dans votre affaire. ”
Bourgeois passe subitement de la crainte à la surprise , et croit devoir se défendre de toucher à la
somme offerte comme un à-compte. Ducastel alors
insiste de son côté , et il s'établit une lutte remarquable et nouvelle sans doute entre la reconnoissance
du premier et le désintéressement du second. Tous
deux font valoir leurs raisons et s'obstinent ; mais
Ducastel d'un mot emporte la balance : “ Ou faites
“ ce que je désire , repart-il à la fin , ou je vous dé-
“ clare que le mémoire rédigé pour vous ne verra
“ pas le jour. ” C'étoit un argument auquel il étoit
impossible de répondre et Bourgeois fut contraint de
céder.

Je crois inutile , citoyens , de suivre Ducastel dans
le cours de ses plaidoieries : qu'il me suffise de vous
dire qu'il sçut les dégager de la diffusion et de l'en-
flure trop communes aux avocats les plus renommés.
Son raisonnement étoit concis , ses pensées fortes ,
ses expressions justes , son débit animé ; et , certes ,
il valoit sur-tout par *l'action* que Demosthene re-
gardoit comme la premiere qualité de l'orateur.

Mais Ducastel ne brilloit pas seulement par le don
de la parole , il nous reste de lui deux ouvrages qui
décelent le savant jurisconsulte. Tous deux sont rem-
plis de recherches ; tous deux annoncent qu'il savoit
comparer et digérer ; tous deux prouvent enfin qu'il

ne craignoit point de heurter les idées reçues. Ducastel, dans le premier (1), ne dissimuloit point les
obstacles dont il lui falloit triompher. Il s'en expliquoit lui-même en ces termes : „ J'ai contre moi
„ l'expression apparente de notre coutume et d'an-
„ ciens préjugés , j'ai pour moi l'esprit de nos
„ lois. «

Dans le second (2) , Ducastel s'exprime ainsi (et
c'étoit en 1773 qu'il écrivoit) : „ Le peuple français
„ les considéra (les dîmes) plutôt *comme une servitude*
„ que comme un droit légitime : l'autorité royale les
„ *toléra* plutôt qu'elle ne les approuva. Le respect
„ *souvent superstitieux* qu'on avoit pour les prêtres
„ les soutint long-tems. . . . . . mais Charlemagne éta-
„ blit définitivement *cet impôt.* « On peut juger par
cette courte citation, que Ducastel, quoiqu'il défendît
la perception de l'impôt de la dîme, s'expliquoit fran-
chement sur son origine en France.

Vous avez vu Ducastel se rendre célèbre dans le
barreau de Rouen , d'autres lieux vont devenir le

---

(1) *Dissertation sur la Communauté normande,* bro-
chure in-12 de 150 pages. Ducastel prétendoit démontrer
le principe qui doit déterminer les droits des époux dans
les biens-meubles et conquêts immeubles.

(2) Dans le second, imprimé à Caen en 1773, Ducastel
recherchoit l'origine des dîmes, et s'attachoit à prouver la
légitimité de leur perception depuis Charlemagne. C'est un
Mémoire de près de 250 pages.

théatre de ses talens. Tous les parlemens de France sont soudain frappés et dissous par l'autorité royale. Leur morgue, leur audace, leurs coalitions ne peuvent les préserver du coup qu'ils ont provoqué. Ils ont servi de dégrés au despotisme par leur servile complaisance et le despotisme les écrase.

Les parlemens sont envoyés en exil ; des conseils supérieurs, créés par Louis XV, siegent à leurs places. Dans ce nouvel ordre de choses, le conseil du roi établit un de ces tribunaux à Bayeux, et Ducastel prit la résolution d'aller se fixer auprès de ce nouveau tribunal. N'attendez pas, citoyens, que je vous révele ici les motifs qui porterent Ducastel à préférer le tribunal de Bayeux à celui de Rouen; je les ignore : mais je puis vous assurer que notre collegue y tint le premier rang, et que son bon cœur ne s'y démentit en aucune circonstance. Là, comme à Rouen, notre concitoyen se montra généreux et désintéressé ; il y défendit gratuitement la cause des indigens et des malheureux.

Ducastel, chéri de ses amis, estimé de ses confreres, jouissoit de sa renommée et des avantages attachés à l'honorable profession qu'il exerçoit. Il lui restoit cependant encore à connoître des jouissances plus précieuses, des jouissances que l'homme aimant peut seul apprécier ; ce sont celles qui naissent de la tendre simpathie, de la douce conformité des goûts et des sentiments qu'on remarque dans l'union des époux bien assortis. Des gages chéris de l'amour conjugal surviennent et ils resserrent plus étroitement les liens déjà formés. Il manquoit en un mot à Ducastel ce qui fait que l'homme est bien chez lui, ce qui nous rend cheres nos maisons et nos cités ; et le hazard le lui offrit.

Notre collegue s'occupoit alors de son ouvrage sur les dîmes ; il résolut, pour cette raison, de se rendre à Caen, dans le dessein d'y faire des recherches à la bibliotheque da l'université. A peine est-il à Caen que M. Guédon, avocat, qui en avoit obtenu à Bayeux la promesse de venir le voir, se rend auprès de notre compatriote et la lui rappelle. Ducastel cede à ses instances et M. Guédon le conduit dans une maison de campagne (1) dont il jouissoit à trois lieues de Caen. Il avoit eu l'attention d'y réunir une société aimable, mais tout fut éclipsé aux yeux de notre compatriote par l'esprit de Mlle Guédon, alors âgée d'environ vingt ans. Ducastel conçoit pour elle la passion la plus vive ; il en est tellement charmé qu'il supplie l'amitié de lui épargner toute espece de représentations : » Mon parti est pris, disoit-il, ma » parole est donnée; Mademoiselle Guédon sera mon » épouse. « Ils furent en effet, en très-peu de de tems, unis l'un à l'autre par les liens les plus fortunés.

____

(1) Cette maison étoit située à Touffreville, près Troarn ; il y avoit en cet endroit des eaux minérales estimées par les médecins de Caen ; et ces eaux, en y attirant beauçonp de monde dans la belle saison, rendoient ce séjour fort agréable.

Enivré du bonheur d'être époux et pere , Ducastel partageoit son temps entre les travaux du cabinet et les plus pures jouissances qu'il eut connues, quand de nouveaux changemens survinrent dans l'ordre judiciaire. Le rappel des parlemens influa sur les plans que notre collegue s'étoit tracés, et il fallut les abandonner. Obligé de se déplacer encore une fois, il conçut le dessein de se fixer auprès du parlement de Paris. Malgré sa modestie, le public lui désignoit déjà sa place parmi les (1) avocats les plus célebres.

S'étant donc rendu dans la capitale , il y suivit les travaux du barreau pendant deux mois. Ducastel toutefois portoit alors ses vues plus loin. Il rassembloit dans sa pensée les élémens d'un ouvrage où

---

(1) Ducastel ne se fixa point cette fois à Paris pour y plaider, comme il en avoit d'abord formé le projet. Mais après être revenu à Rouen où il se livra de nouveau à la plaidoierie, il eut occasion de retourner ensuite dans la capitale. Il y défendit une cause en présence du premier parlement de France , d'une maniere qui lui fit beaucoup d'honneur; aussitôt ses talens éveillerent l'envie , et elle sut malignement indisposer les magistrats contre lui en leur mettant sous les yeux que notre collegue avoit abandonné les parlemens durant le temps de leur exil , pour s'attacher au conseil supérieur de Bayeux. On combla notre compatriote d'éloges excessivement flatteurs, cependant on lui fit entendre qu'il ne devoit pas espérer de réussir à se faire porter sur la matricule des avocats de Paris. Il revint en conséquence à Rouen et il y poursuivit le cours de ses succès.

il se proposoit d'établir les rapports et les différen-
ces qui existoient entre les coutumes de Normandie
et de Paris , ouvrage qu'il avoit le dessein d'offrir
au chancelier. Notre collegue s'en occupoit avec
ardeur , quand il se vit obligé de retourner à Rouen
pour s'y faire immatriculer. Revenu dans son pays ,
sa famille n'épargna rien pour l'y retenir , et elle y
parvint.

Bientôt une nouvelle occasion se présenta de recou-
vrer sur l'esprit des juges cet ascendant invincible que
donnent infailliblement la sagacité de l'esprit et la
franchise dans les moyens. Il avoit pour adversaire ,
dans une cause importante , le citoyen Deliniere ,
aujourd'hui membre du Tribunat. Une circonstance
indifférente en apparence , donnoit néanmoins à ce
dernier un grand avantage sur Ducastel. Deliniere
n'avoit point plaidé devant le conseil supérieur , et
le parlement mettoit le plus haut prix à cette mar-
que d'attachement. Ducastel , au contraire , s'étoit
conformé aux temps ; Ducastel avoit pensé qu'il ne
devoit pas sacrifier les intérêts du public auquel il
avoit consacré ses talens, à l'orgueil des cours sou-
veraines.

Deliniere étoit d'autant plus fort dans cette occasion , que la rigueur du droit étoit en sa faveur ; mais
Ducastel fit valoir avec tant d'éloquence les moyens
qu'il puisa dans la justice éternelle fondée sur les lois
de la nature et les lumieres de la raison, qu'il triom-
pha et de la mauvaise opinion des juges et des

apparences du droit dont son adversaire avoit cru tirer des raisonnemens invincibles.

Tel est le pouvoir de l'éloquence, qu'elle change les esprits et les gouverne à son gré. Si Ducastel savoit persuader, émouvoir, faire couler des larmes, il brilloit encore davantage par une logique pressante, à l'aide de laquelle il portoit la conviction dans les cœurs. Ce n'étoit point une dialectique froide et aride, c'étoit une logique revêtue des charmes de l'élocution. Son style étoit pourtant plus remarquable par l'abondance des idées que par la vivacité des images ; et son éloquence, si je puis me servir de cette expression, étoit une éloquence de choses.

Quelle force, quelle véhémence, il déploya dans son plaidoyer pour M. Alen contre Duval d'Epremesnil ? Sous combien de formes il sut reproduire l'injustice révoltante de ce dernier envers son client et le comte de Lally-Tolendal ? Avec quelle force de trait il fit ressortir la noirceur de la conduite de d'Epremesnil, l'acharnement indigne qu'il montroit à traverser les efforts d'un fils qui n'aspiroit qu'à justifier son père, et ceux de M. Alen trop long-temps embarrassé dans les liens d'une procédure criminelle.

Permettez-moi de vous citer à ce sujet un passage du plaidoyer de Ducastel dans cette fameuse procédure ; je crois devoir avant tout vous faire observer que notre collegue, contre son usage, ainsi qu'il le dit lui-même, avoit jugé à propos de plaider par écrit.

M. d'Epremesnil, recourant à une grande figure, s'étoit

s'étoit écrié : » *Je parois seul , mais l'ombre du vertueux*
» *citoyen que je défends ,* (son oncle M. de Leyrit)
» *du frere de mon pere , va combattre à mes côtés.* «

» Escorté de cette ombre , réplique Ducastel ,
» M. d'Eprémesnil évoque celle du général Lally.
» Je pensois que ces évocations d'ombres, ces fictions
» de college , ces chimeres théatrales , étoient ban-
» nies pour jamais du barreau et d'une discussion
» sérieuse. Cependant elles reparoissent , et c'est pour
» produire un effet terrible. M. d'Eprémesnil évoque
» l'ombre du général Lally pour la placer sanglante
» sous les yeux de son fils désolé. Il l'évoque pour
» lui faire dire devant ses Juges , devant le public ,
» devant son fils , devant le sieur Alen et les autres
» accusés , témoins de son innocence , qu'il a mérité
» son supplice honteux. C'est une recherche de cru-
» auté qui n'a pas d'exemple. Quand la haine auroit
» pu l'imaginer , la seule décence auroit dû la
» rejetter.

Notre collegue avoit sur-tout un avantage , il le
tenoit de la nature ; c'étoit la véhémence de la réplique. Alors , je ne crains pas d'être contredit , il sembloit armé du foudre de l'éloquence et c'est ainsi qu'il
parut dans cette mémorable affaire. Enorgueilli de la
supériorité du rang , M. d'Eprémesnil s'oublia jusqu'à l'insulte. Aussi-tôt Ducastel fait éclater toute la
franchise et l'indépendance de son caractere. Il se
leve plein d'indignation et comparant tout-à-coup la
noblesse de sa profession avec la dignité du magis-

trat qui est son adversaire , il étonne par la force et la justesse du paralelle ; il déconcerte , confond M. d'Epremesnil et termine en demandant acte de ce que ce magistrat avoit avancé.

M. d'Epremesnil perd son assurance ; sa fierté l'abandonne , et convaincu qu'il ne lui reste aucun moyen d'échapper à la logique pressante de Ducastel , il aime mieux se désavouer lui-même, expliquer, adoucir , rétracter enfin ses propres avancés. Quel moment de triomphe pour Ducastel ! âgé de 19 ans , j'assistois , ce jour-là, à l'audience , et cette lutte chaleureuse est encore présente à ma mémoire.

Ne soyez point étonnés de cette énergie mâle et courageuse , citoyens collegues , car même sous la monarchie , Ducastel étoit libre ; il n'obéissoit qu'à l'honneur. Plein de la dignité de ses devoirs , il montra dans les occasions difficiles cette noblesse de l'ame qui appartient à tous et que ne donnerent en aucun temps le rang et la naissance. On ne remarqua point en lui la fierté qui offense , mais on n'y vit jamais non plus la bassesse qui dégrade. Ennemi de l'intrigue , il se renfermoit dans ses travaux quand la confiance de ses concitoyens vint tout-à-coup l'arracher à ses occupations.

Au cri de la liberté , l'ame de Ducastel s'émeut et palpite. Le feu sacré du patriotisme se communique de proche en proche , pénetre et embrâse les cœurs. Chez le français déjà libre , l'enthousiasme circule ; les discours ont pris une teinte brûlante , les idées s'agrandissent , les esprits s'exaltent , les passions fermentent : envain l'intérêt s'efforce et lutte ; envain l'orgueil menace et le despotisme rugit ; envain l'on accumule les barrieres pour arrêter la vérité ; elle triomphera des obstacles , elle contraindra ceux qui s'opposent à sa marche victorieuse , de se cacher dans les ténebres.

Un nouveau jour luit sur la France , elle fait un appel à ses enfans. Ducastel n'est plus à lui , la patrie s'en empare ; elle interroge chaque citoyen sur ce qu'elle a le droit d'en attendre. L'homme de lettres et le philosophe lui répondent : notre vie est consacrée à la vérité , nous jurons de la propager et de la défendre. Le magistrat qui aime son pays jure d'embrasser une juste réforme dans l'ordre judiciaire. Le ministre du culte , d'éclairer le peuple sur les grands changements qui se préparent ; le guerrier de donner son sang et sa vie pour le triomphe de la liberté.

Je n'ai que ma pensée , s'écrie Ducastel à son tour , rendons-là utile à ma patrie. Aussi-tôt ses idées se pressent , et son ame se montre toute entiere.

Ses confreres qui , depuis de longues années , ont su apprécier ses talents ; qui tant de fois ont applaudi à son énergie et à l'élévation de son ame , ne doutent point qu'il n'ait assez de force de caractere pour fouler aux pieds les vaines considérations qui subjuguent l'homme foible et pusillanime.

Plus Ducastel s'est vu forcé d'étudier et d'approfondir l'ordre judiciaire , plus il a réfléchi sur les parties diverses dont il est composé, et plus il a découvert d'abus qu'il est nécessaire de réformer, de vices qu'il importe de faire disparoître.

Disons-le donc à la gloire du college des avocats du parlement de Normandie; leur choix tomba sur les membres les plus distingués d'entr'eux; sur des hommes en un mot, et Ducastel fut du nombre. Il fut en conséquence proclamé électeur pour le college des avocats.

Les procédures sont interminables ? Les électeurs choisis par le corps des avocats proposent des moyens pour en abréger la durée. Les frais sont ruineux ? leur équité leur inspire des vues sages pour les diminuer. Des abus sans nombre se sont introduits dans le temple de Thémis ? il faut écarter de ses autels tout ce qui l'outrage et la rend haïssable aux yeux des français.

Citoyens courageux qui aspirez à rétablir la justice dans les droits qu'elle n'eût jamais dû perdre à la reconnoissance des hommes et brûlez de bannir loin de son temple l'horrible chicane qui en obstrue les approches, redoublez d'efforts pour combattre et terrasser les suppôts avilis de ce monstre sans pudeur. Le voici qu'il se dresse, écume et s'agite; osez seulement résister à ses menaces, affronter ses rugissemens, et le triomphe sera votre récompense.

En vain le parlement souleva le corps des procureurs et une fraction de celui des avocats contre les Fremont, les Thouret, les Ducastel et tant d'autres qui s'honorèrent en cette circonstance ; en vain ces colonnes du barreau , ces jurisconsultes philosophes sont-ils frappés d'une interdiction prétendue par un arrêté pris contr'eux , la plus saine partie des avocats soutient courageusement son indépendance et réclame devant le parlement lui-même ; mais le parlement qui n'aspiroit qu'à comprimer ce premier essor vers la liberté , pouvoit-il condamner une conduite dont il étoit le secret instigateur ? pouvoit-il réprimer une insulte à laquelle il applaudissoit au fond de l'ame ? non. Aussi le plus odieux déni de justice fut le prix de la confiance que le corps des avocats lui conservoit encore

Légistes téméraires , vous avez marqué vous-même le terme de vos décisions oppressives. Puisque l'esprit de corps vous rend injustes , puisque vous abusez lâchement de votre autorité , puisque vous vous montrez indignes de la considération des jurisconsultes qui ont trop avantageusement présumé de vos lumieres et de votre autorité , ils porteront leurs réclamations devant L'ASSEMBLÉE CONSTITUANTE. A ce nom devenu fameux dans nos annales , vous pâlissez.

Et comment ce nom n'eût-il pas inspiré la terreur aux ennemis de la liberté ? Ces hommes tirés du tiers-état , ces hommes jusque-là ravalés par les deux ordres privilégiés , ces hommes dont les talens sembloient être condamnés à l'obscurité , étonnent ceux pour lesquels ils furent d'abord un objet de dérision et de mépris. Leurs premiers pas dans la carriere sont des pas de géant ; ils renversent à leurs pieds tous les pigmées orgueilleux qui prétendent les déconcerter et les désunir.

Vain espoir ! frivole entreprise ! Ils sont à peine arrivés que déjà ils s'entendent. Nous sommes ici, s'écrient-ils, pour défendre la cause du peuple, nous n'avons qu'une même mission, qu'un même intérêt ; et nous toucherons le même but.

Le courage s'allie à la fermeté, la véhémence au sang-froid, l'éloquence à la raison, le savoir à la philosophie. Quelle force imposante ! Quel faisceau de lumieres ! Hommage éternel aux hommes recommandables qu'a possédé l'assemblée constituante ! Qu'ils seront grands aux yeux de l'impartiale postérité !

Pardonnez, citoyens collegues, si j'ai saisi cette occasion pour payer un juste tribut aux premiers fondateurs de la liberté ; mais entraîné par un sentiment de gratitude, je n'ai pu me défendre de l'exprimer. Heureux si j'avais pu le peindre avec les traits brûlans du génie !

Ducastel, et son collegue Vimar, eussent sans doute, en leur qualité de députés par le college des avocats auprès de l'assemblée constituante, obtenu ce qu'ils poursuivoient ; mais ils n'eurent point le regret d'avoir interrompu les travaux de cette immortelle assemblée, pour l'outrage fait à leur corps. L'arrêté des procureurs du Parlement fut annulé par le conseil-d'état.

Il fut une époque et notre révolution alors étoit à son aurore , où l'on n'hésitoit pas de sacrifier une partie de son tems au service de la chose publique ; on ne sera donc point surpris que Ducastel ait passé des veilles du cabinet aux fonctions d'officier municipal , fonctions auxquelles le peuple l'appella en 1790. A cette époque mémorable , le suffrage du peuple étoit prisé , sa souveraineté reconnue..... Fuyez temps désastreux qui vous retracez à ma pensée. Ne venez point mêler des souvenirs amers au plaisir que j'éprouve en rappellant les services que Ducastel rendit à la liberté.

Digne émule de Thouret dans la carriere du barreau, il eut , ainsi que lui , une part honorable à la confiance de ses concitoyens ; il fut , en 1791 , nommé son suppléant au tribunal de cassation.

Dès long-temps , les hommes qui connoissoient l'étendue de ses talens , l'intégrité de son ame , ses vœux pour le bonheur de son pays , l'avoient , dans leur pensée , porté au poste le plus flatteur pour un homme libre. Thouret venoit de quitter la carriere législative : les électeurs du département crurent ne pouvoir mieux le remplacer qu'en nommant Ducastel à la seconde législature. Ducastel accepta ; et il s'imagina ne pouvoir mieux s'acquitter de la tâche honorable qui lui étoit imposée , qu'en se montrant le zelé défenseur de la monarchie constitutionnelle.

Vous savez , citoyens collegues , sous quels sinistres auspices l'assemblée législative ouvrit sa session. Vous

vous rappellez encore les grands évenemens qui la remplirent ; vous vous rappellez ces séances orageuses où des hommes presque tous également passionnés pour la liberté , mais divisés sur les moyens de l'établir et de la consolider au milieu de nous , s'attaquerent, se heurterent et combattirent les uns contre les autres comme s'ils eussent été réciproquement ennemis.

D'une part , il s'en trouva qui , religieux observateurs de leurs mandats , et long-tems aveuglés peut-être par une bonne-foi trop confiante sur les intentions de la cour , s'efforcerent de maintenir le pacte social qu'ils avoient juré de défendre. D'une autre , il y en eut qui , profondément ulcérés contre le roi depuis sa fuite perfide à Varennes, plus ulcérés encore contre la cour dont ils connoissoient les menées astucieuses et les trames crimineles , qui sur-tout indignés de voir nos frontieres dégarnies, nos places fortes dénuées des approvisionnemens nécessaires , les hordes de l'ennemi menaçant d'envahir notre territoire , brûloient de briser l'instrument de tant de maux et de trahisons.

Placés entre leur conscience et la mauvaise foi de la cour , les uns flottent et balancent ; ils redoutent les désordres inséparables des changemens politiques. Irrités de l'insolence avec laquelle les ministres se jouent de la nation , ne consultant que l'indépendance et la fierté de leur ame , les autres n'envisagent que le salut du peuple et repoussent les vaines considérations qui retiennent leurs collegues.

Il seroit donc inutile de parler des efforts de ceux qui crurent d'abord devoir soutenir sur la tête du roi un diadême que le monarque étoit incapable d'y fixer lui-même. Entouré de mauvais conseils, Louis XVI couroit à sa perte, et le canon du Dix-Août foudroya pour jamais le trône devenu le siége de l'orgueil et de la foiblesse toujours lâche et fausse.

Qu'il me suffise de vous apprendre que si Ducastel ne déploya point à la tribune cette éloquence mâle et brûlante dont la nature l'avoit doué, il n'en fut pas moins honorablement distingué parmi ses collegues. Peu jaloux d'occuper les bouches de la renommée, redoutant le choc des opinions, il voulut inutilement se renfermer dans sa modestie ; il fut promu à l'honneur de présider l'assemblée en qualité de vice président. La présidence lui fut même ensuite décernée.

Tandis que la tempéte redoubloit chaque jour de violence, Ducastel, en sa qualité de membre du comité de législation, comité qu'il présida, travailloit, au sein du recueillement, à la préparation des lois qu'il croyoit les plus propres à confirmer le bonheur d'un peuple régénéré, en rétablissant l'harmonie sociale.

Notre concitoyen se livroit avec ardeur à ce genre de travail plus utile que brillant, quand la révolution du dix-août fit prendre à la France une nouvelle forme politique. Alors parut cette convention qui se montra aussi terrible et implacable contre les rois coalisés, que terrible et implacable envers elle-même.

A peine la république étoit proclamée que la France retentit des chans du triomphe et de la gloire, mais la patrie en deuil déploroit aussi sur des trophées la fin trop funeste d'un grand nombre de fondateurs de la liberté. Souvenir déchirant ! la convention n'offre qu'une arêne ensanglantée où le parti le plus puissant, et qui envoie à la mort, succombe le lendemain et se voit à son tour proscrit sans pitié. Aveugles en leurs fureurs, plus aveugles en leurs vengeances, la république expose envain à leurs yeux les blessures dont ils l'ont couverte, le sang dont elle est inondée, il n'existe plus en France qu'un autel où l'on sacrifie, c'est celui de la mort.

Ducastel, de retour à Rouen, considéroit attentivement, dans le calme de la méditation, le cours des événemens politiques, quand une perte douloureuse, en réveillant en lui les sentimens de la nature, augmenta la mélancolie dont il étoit atteint. La mort lui enleva un de ses fils âgé de 14 ans.

Déjà solitaire et retiré dans une petite maison, rue Patrice, dégoûté du maniement des affaires publiques, Ducastel n'aspiroit qu'à se distraire de ses chagrins en vivant loin du tumulte et des convulsions révolutionnaires. Il ne formoit plus alors qu'un vœu, c'étoit celui de vivre ignoré. L'expérience lui avoit appris combien il est dangéreux pour le sage de vouloir gouverner la fougue populaire.

Un arrêté du comité (1) de surveillance lui fournit l'occasion de se retirer à la campagne sans se rendre suspect, et Ducastel la saisit. Il fut en conséquence résider à la (2) Haie-Malherbe, non loin d'Elbeuf, chez un de ses parens : il y vécut dix-neuf mois.

Tandis que le démon de la discorde souffloit par-tout dans les ames la haine et la fureur, Ducastel ne s'occupoit qu'à rapprocher ses semblables et à terminer leurs différens. Avec quelle douce joie vous l'eussiez vu, dans le silence de la retraite, consacrer son tems et ses lumieres à éclairer les habitans de la campagne sur leurs droits respectifs en matiere de successions ! Avec quelle bonté il leur expliquoit les lois nouvelles ! Avec quelle impartiale justice il en fesoit l'application ! Jamais on n'inspira plus de confiance ; jamais on ne

---

(1) Par cet arrêté, il étoit permis à tout habitant de la commune de Rouen de se retirer dans les communes rurales où il croiroit pourvoir plus facilement à sa subsistance ; le but de cette mesure étoit de diminuer la consommation journaliere dans la ville.

(2) La Haie-Malherbe est une commune située entre Elbeuf et Louviers. On fait beaucoup de poterie et de tuiles dans cette commune ; les terres du lieu sont propres à ce genre d'industrie.

Le domicile de Ducastel en cette commune étoit au hameau *des Hauguettes* ; ce hameau dépendant du département de l'Eure, est contigu à la forêt de Bord, maitrise du Pont-de-l'Arche.

prévint plus de contestations ; jamais on ne rendit des services plus désintéressés. La probité de Ducastel étoit le tribunal irréprochable devant lequel les habitans des communes rurales portoient les difficultés qui les divisoient.

Il éclairoit les uns, détrompoit les autres, inspiroit à tous cet esprit de conciliation qui prévient les procès, et la persuasion couloit de ses levres. Ou je me trompe, ou Ducastel répéta plus d'une fois dans la sincérité de son cœur, ce qu'un de nos poëtes avoit dit de lui-même :

>> J'ai fait un peu de bien, c'est mon meilleur ouvrage. >>

D'un accès facile, d'une douceur inaltérable, il accueilloit, il écoutoit indistinctement tous ceux qui s'adressoient à lui. Il n'avoit auparavant goûté que les jouissances de l'amour - propre satisfait, en exerçant son état, il s'enivroit, à la Haie-Malherbe, des jouissances du cœur ; et chaque jour lui en procuroit de nouvelles.

C'est ici que vient se placer tout naturellement une anecdote bien propre à peindre l'ame de ce jurisconsulte bienfaisant et philantrope.

Ducastel, à l'époque où la disette (je dirois presque la famine) fesoit sentir ses horreurs au sein des familles, Ducastel, dis-je, rencontra dans la commune un malheureux dont la marche languissante

indiquoit assez qu'il éprouvoit un besoin pressant.
Ducastel l'aborde avec ce ton plein de sensi-
bilité qui va, pour ainsi parler, au devant du secret des malheureux ; bientôt il est confirmé dans son
jugement par la déclaration de l'infortuné. Ducastel
lui porte à l'heure même des paroles de consolation,
lui promet des secours et lui dit de l'attendre.

Notre collegue court à son domicile, y coupe un
morceau de pain, et tandis qu'il revole pour consoler
son semblable, il savoure à l'avance le plaisir de
soulager un malheureux.

Le morceau de pain est donné de très-bon cœur
et accepté avec reconnoissance ; mais Ducastel, en
fesant une bonne action, ne veut pas que ses hôtes
en souffrent. Il saura concilier à la fois ce qu'il
doit à l'humanité souffrante et à la confiance hospi-
taliere de ceux chez lesquels il habite.

Le soir arrive, tous se mettent à table et soupent.
Ducastel seul s'en éloigne et s'abstient de manger.
On le presse ; il se défend, feint quelque indisposi-
tion ; enfin on le laisse libre.

Le lendemain à l'heure du repas, on l'interroge
de nouveau : on lui demande comment il se trouve.
Bien, répond-il. C'est alors qu'il raconta la cause de
la privation qu'il s'étoit imposée la veille, en disant :
» Mes amis, ce n'est pas faire le bien que de le
» faire aux dépens des autres. Je ne devois pas man-
» ger, j'avois donné ma part. »

Cependant les orages semblent avoir enfin dégagé l'atmosphere politique des vapeurs dont elle fut long-tems surchargée ; l'espérance luit dans tous les cœurs et chacun croit toucher au terme desiré des convulsions et des déchiremens. Ducastel revient donc à Rouen, mais il emporte avec lui l'estime et l'amitié des parens avec lesquels il a vécu, les regrets des habitans qu'il aida de ses conseils, qu'il éclaira sur leurs intérêts, qu'il dirigea dans leurs démarches. Il part et tous les cœurs le suivent.

Revenu à Rouen, Ducastel se livra aux travaux du cabinet et il s'y abandonnoit tout entier quand les administrateurs du département crurent devoir l'appeller sur un théâtre plus digne de ses talens. Il fut nommé professeur de législation à l'école centrale. On vit cette fois le mérite modeste tiré de l'obscurité où il sembloit se complaire.

La science de l'homme de loi consiste à diviser sa matiere avec méthode, à exprimer clairement ses pensées, à déduire ses conséquences sans effort, à présenter ses preuves dans leur jour véritable, de maniere à charmer et à convaincre.

Quel homme, sans contredit, étoit plus que Ducastel propre à diriger les jeunes gens dans la carriere du barreau ? Qui mieux que lui pouvoit développer les principes de l'équité naturelle et du droit romain ? Qui mieux que lui pouvoit en faire l'application à la jurisprudence nouvelle ? Qui mieux que lui sut descendre du haut degré de connoissances où il étoit parvenu pour se plier à la foiblesse des éleves qui suivoient ses leçons ? Avec quelle patience il leur applanissoit les difficultés ? Loin de craindre qu'ils se rendissent importuns , il les pressoit de l'interroger. Avez-vous des doutes , leur disoit-il , venez chez moi, et je m'empresserai de les éclaircir.

Citoyens , je ne crains pas de le dire : si la mort n'eût abregé les veilles de ce jurisconsulte profond , il eût formé non-seulement des éleves recommandables , mais il eût encore rendu d'éclatans services à la législation moderne. Malheureusement , la mort l'a frappé dans un âge où son esprit , mûri par l'expérience et la réflexion, l'eût illustré lui-même en même-temps qu'il l'eût rendu l'honneur de son pays.

Cette mort , citoyens collegues , fut sans doute prématurée , mais elle ne surprit personne. Ducastel étoit depuis long-tems valétudinaire et une affection au foie (1) dont on le savoit atteint , donnoit lieu de craindre qu'il n'en devint trop tôt la victime. Tel étoit l'état peu rassurant de sa santé , quand la perte

---

(1) Il étoit attaqué d'un engorgement chronique au foie qui s'est cependant , en diverses circonstances , manifesté avec des signes d'inflammation , qui , affectant aussi des parties voisines de la poitrine , ont simulé la pleurésie. Ces attaques différentes l'ont jetté dans un état de foiblesse et d'affaissement qui ont développé le germe d'une maladie

de son fils aîné le jetta dans un chagrin qu'augmentoit encore le souvenir de celle du plus (2) jeune.

Pere sensible, on l'a vu, malgré lui, verser des larmes sur la mort de ses enfans dans une séance publique. En l'an VI, Ducastel entreprit d'exposer dans un discours, à l'ouverture de sa classe, le plan des travaux de l'année.

Mais quand il vint à parler de la puissance paternelle, cette matiere lui rappella si vivement les objets chéris sur lesquels il lui eût été si doux de l'exercer, que le professeur disparut à l'heure même pour ne plus laisser voir que le pere attendri. Sa voie s'affoiblit, ses traits s'altérerent, ses yeux se remplirent de larmes, des sanglots le suffoquerent et la nature reprenant ses droits, fit taire la philosophie : ce fut au point que notre collegue fut obligé, quelques instans, d'interrompre son discours.

O Diderot ! tu avois bien raison de dire : » Qu'il » n'y avoit point dans le monde de plus grand bon- » heur, ni de plus grand malheur que d'être pere. « Ducastel n'a que trop prouvé cette vérité profonde.

---

putride, et nerveuse à laquelle il a succombé, le quatorzieme jour de son invasion, vers le milieu du mois de messidor an sept.

(2) Celui-ci étoit sur-tout aimé de ce tendre pere à cause des rares dispositions et de l'imagination vive qu'il avoit reçues de la nature.

Vous

Vous le savez, mes collegues, quiconque est bon pere, est ordinairement bon époux, bon frere, bon ami, bon citoyen. Aussi a-t-on entendu plusieurs fois Ducastel répéter avec une sorte d'ivresse dans le sein de sa famille : JE SUIS AIMÉ ! Combien doit jouir en effet celui qui peut se rendre un pareil témoignage ! Que deviennent la renommée, l'admiration, la gloire même auprès de cette glorieuse jouissance: JE SUIS AIMÉ !

Ducastel fut bon citoyen, et comme tel, il accepta sa nomination à la seconde législature.

Il fut bon ami, bon frere, et c'étoit parmi ses amis et au milieu de sa famille qu'il consentoit à laisser appercevoir les trésors de son esprit et les belles qualités de son cœur. Disons mieux : tout trahissoit sa modestie et la perfection de son ame.

Bon mari, il a laissé une épouse inconsolable de sa perte, une épouse qui croit encore chérir son mari, en chérissant sa famille.

Bon pere, il est mort victime de l'amour paternel, il na pu survivre à un fils qui fesoit une de ses plus cheres espérances.

Citoyen probe, il avoit été nommé, en 1788, administrateur de l'hospice; jurisconsulte irréprochable, il fut élu membre de la haute cour nationale en l'an IV. Moraliste pur, on saisissoit dans ses écrits une certaine odeur de vertu dont on fut principalement frappé dans le discours qu'il prononça sur le divorce , lors de la clôture des travaux de l'école centrale , à la fin de l'an VI. Certes , il dut paroître aussi singulier que piquant d'entendre Ducastel , connu d'ailleurs pour le plus tendre des époux , défendre le divorce et en démontrer les avantages ainsi que la nécessité , pour l'ordre social et pour les mœurs.

A la louange du collegue que nous pleurons, on peut affirmer qu'il n'y eût jamais qu'une voix à l'égard de ses mœurs , de son intégrité et de son attachement à ses devoirs. Il fut jurisconsulte probe , citoyen vertueux , époux sensible , et pere adoré. Malheureusement, il a été trop tôt ravi à sa famille dont il étoit chéri et à cette société dont il eût fait l'ornement.

Fatalité cruelle ! vous n'avez pu jouir des talens de ce savant jurisconsulte ; et tout ce que le Lycée peut faire aujourd'hui , c'est de payer un tribut de louanges à la mémoire précieuse du collegue que chacun de nous voudroit encore voir dans cette enceinte. En joignant vos regrets , citoyens , à ceux des vrais amis de la patrie , votre souvenir devient le prix de la vertu et la récompense des talens.